making my easy sweets

私のてきとうな
お菓子作り

Mizorogi Hitomi

溝呂木一美

はじめましての ごあいさつ

絵を描くこと
手芸をすることは
昔から大好きでした

そして
もう1つ
昔から
大好きなもの

それは
お菓子作りです

cream

flour

お菓子作りは
小学生の頃から
始めました

よくクッキーを
作っていました

せっせ せっせ

クッキー型に始まり
ゴムベラやハンドミキサーなど

少しずつ道具を
そろえていき

何だか
本当のお菓子屋さんに
なったみたいで
とても嬉しかったことを
思い出します

ハンドミキサー
すごーい！！！

感動☆

当時の道具のほとんどは
今でも使っています

ハンドミキサーは
30年くらい使ってる

道具入れ→

3

Contents

てきとうなお菓子作りについて

しっかり計量して、混ぜて、休ませて……。お菓子作りはとても繊細で、少しでもミスをするとうまくふくらまないなんてこともあって、ちょっと面倒。私は、そんなお菓子作りをもう少し気楽に、てきとうに楽しめたらいいなと思って、仕事の合間や休日に時間を見つけては挑戦しています。使いかけのジャムを使ってみたり、頂き物のカステラを変身させてみようと思い立ったり。お菓子作りはアレンジ自在で、考えながら作るのも楽しい。

せっかくのお菓子作り、楽しみたいから、身近なもので気軽に、これも入れてみようかなと考えながら……さあ、今日も自分をごきげんにする、てきとうなお菓子作りの始まりです。

本書で使用している主な道具・型について

これらの道具や型があれば、自宅でのお菓子作りも楽々。
本書で使用している主なものをご紹介します。

量る

計量スプーン
デジタルスケール
計量カップ

混ぜる

ハンドミキサー
ボウル
泡立て器
ゴムベラ、木ベラ
粉ふるい

こす、切る、のばす

包丁
麺棒
ざる

成形、デコレーション

茶こし
スプーン、フォーク
しぼり袋

消耗品

oven paper
オーブン用ペーパー
Plastic wrap
ラップ
aluminium foil
アルミホイル
ポリ袋

加熱する

オーブン、電子レンジ
鍋、フライパン
トースター

型

バット、角型、マドレーヌ型、
ココット、パウンド型、
パイ皿、丸型、プリンカップ、
プラスチック容器、グラス

本書のレシピについて

＊材料の表記は1カップ=200cc (200ml)、大さじ 1=15cc (15ml)、小さじ 1=5cc (5ml) です。

＊電子レンジは600Wを使用しています。

＊レシピには目安となる分量や調理時間を表記していますが、
　様子を見ながら加減してください。

＊飾りで使用した材料は明記していないものがあります。お好みで追加してください。

＊火加減は、特に指定のない場合は、中火で調理しています。

＊卵は、Mサイズを使用しています。

＊砂糖は、特に指定のない場合は、きび砂糖を使用しています。

＊板チョコレートは市販の1枚50gのものを使用しています。

Part.1

ちょっとしたお菓子

さっとつまめるクッキーや、

小腹が空いたときに食べたいマドレーヌ。

手元にあると、ちょっと幸せになれるお菓子です。

つまみたいときに サクッと作れるクッキー

ソフトクッキー

ゴロッと具が大きく、やわらか

材料

（直径約7cmのもの10枚分）

バター（無塩）	50g
砂糖	大さじ2
はちみつ	大さじ1
卵	1個
A 薄力粉	100g
ベーキングパウダー	小さじ1
塩	ひとつまみ
マカダミアナッツチョコレート	9粒

下準備

- バターは室温にもどしておく
- 卵は室温にもどし、溶いておく
- Aは合わせておく
- マカダミアナッツチョコレートは粗く刻んでおく
- オーブンを180℃に予熱しておく
- 天板にオーブン用ペーパーを敷いておく

作り方

1 ボウルにバターを入れ、泡立て器でクリーム状になるまで混ぜる。砂糖、はちみつを加えてさらによく混ぜる。

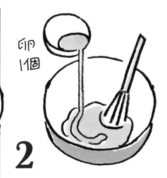

2 溶いた卵を少しずつ加え、よく混ぜる。

3 Aを3回に分けてふるい入れ、ゴムベラで切るように混ぜる。

マカダミアナッツ
チョコレート
9粒

4 刻んだマカダミアナッツチョコレートを
生地に混ぜ込む。

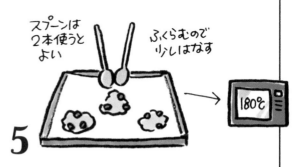

スプーンは
2本使うと
よい

ふくらむので
少しはなす

180℃

5 スプーンで10等分にし、
天板にのせ、オーブンで 10〜15分焼く。

バターサブレ

サクサクで、つい手が伸びる

材料
（直径約4cmのもの約20枚分）

バター（無塩） ················· 50g
砂糖 ····························· 大さじ4
薄力粉 ··························· 90g

下準備

● バターは室温にもどしておく

● オーブンを170℃に予熱しておく

● 天板にオーブン用ペーパーを敷いておく

作り方

1 ボウルにバターを入れ、泡立て器でクリーム状になるまで混ぜ、砂糖を加えてよく混ぜる。

2 薄力粉をふるい入れて、粉っぽさがなくなるまでゴムベラで混ぜる。

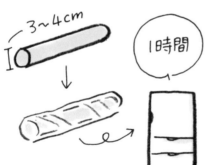

3 生地を直径3〜4cmの
丸い棒状にまとめてラップで包み、
冷蔵庫で1時間休ませる。

4 生地を冷蔵庫から出して
1cm程の厚さに切って天板に並べ、
オーブンで10〜15分焼く。

ブールドネージュ

ほろほろと、口の中でほどける

材料
(直径約3.5cmのもの20個分)

バター (無塩)		50g
砂糖		大さじ3
A	薄力粉	70g
	アーモンドプードル	30g
粉砂糖		適量

下準備
- バターは室温にもどしておく
- Aは合わせておく
- オーブンを170℃に予熱しておく
- 天板にオーブン用ペーパーを敷いておく

作り方

1 ボウルにバターを入れ、泡立て器でクリーム状になるまで混ぜ、砂糖を加えてよく混ぜる。

2 Aをふるい入れ、ゴムベラでさっくり混ぜる。

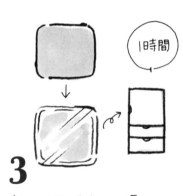

3 生地を平べったい四角にひとまとめにし、ラップで包んで冷蔵庫で1時間休ませる。

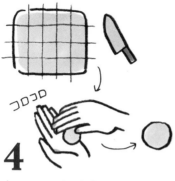

4

生地を冷蔵庫から出して
20等分にし、手で丸める。

5

天板に並べ
オーブンで8〜10分焼く。

6

粗熱が取れたら
粉砂糖をまぶす。

お菓子作りに活躍!? 便利な◯◯

チーズクッキー

ピリッと黒こしょうがアクセント

材料
（約4cm角のもの約20枚）

サラダ油	大さじ4
砂糖	大さじ3
薄力粉	120g
粉チーズ	大さじ4
黒こしょう	適量

下準備
- オーブンを180℃に予熱しておく
- 天板にオーブン用ペーパーを敷いておく

作り方

1 ボウルにサラダ油と砂糖を入れて、泡立て器でよく混ぜる。

乾燥ハーブを入れてもいいね

2 薄力粉をふるい入れ、粉チーズ、黒こしょうを加えゴムベラでさっくり混ぜる。

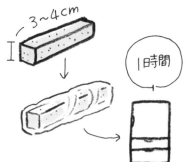

3 生地を3～4cm角の
四角い棒状にまとめたら
ラップで包んで、
冷蔵庫で1時間休ませる。

4 生地を冷蔵庫から出して
1cm程の厚さに切って天板に並べ、
オーブンで10～15分焼く。

ピーナッツバタークッキー

 ナッツ風味で香ばしい

材料
（直径約4.5cmのもの20枚分）

卵	1個
砂糖	大さじ4
ピーナッツバター（粒入り）	
（今回はSKIPPYを使用）	200g
薄力粉	大さじ3

下準備
- 卵は室温にもどしておく
- オーブンを180℃に予熱しておく
- 天板にオーブン用ペーパーを敷いておく

作り方

1
ボウルに卵と砂糖を入れ、泡立て器でよく混ぜる。

2
ピーナッツバターを加えて、なじむまでゴムベラでよく混ぜる。

3
薄力粉をふるい入れて混ぜ、生地を平べったい四角にひとまとめにする。

4
生地を20等分にしたら
丸めてつぶし、フォークで線をつける。

コロコロ

5
天板に並べ
オーブンで10~15分焼く。

180℃

メレンゲクッキーサンド

卵白でカリッと、軽い食感

材料

（直径約3cmのもの約30個分）

卵白	2個分
グラニュー糖	大さじ5
バター（無塩）	50g
薄力粉	100g
チョコレートスプレッド（今回はヌテラを使用）	適量

下準備

- バターは電子レンジでまず20秒程加熱し、様子を見ながら10秒ずつ加熱して溶かしておく
- オーブンを170℃に予熱しておく
- 天板にオーブン用ペーパーを敷いておく

作り方

1 ボウルに卵白を入れてハンドミキサーで泡立てる。

2 白っぽくなってきたら、グラニュー糖を5回に分けて加え、角が立つまで泡立てる。

3 溶かしたバターを加えて、ゴムベラでさっくり混ぜる。

4

下から
すくうように混ぜる

薄力粉
100g

ふわっと

薄力粉を3回に分けてふるい入れ、
泡をつぶさないように注意して
粉っぽさがなくなるまで混ぜる。

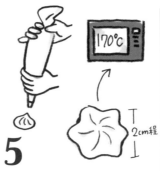

170℃

2cm程

5

生地をしぼり袋に入れて、
天板に直径2cm程に
しぼり出して60個作り、
オーブンで10〜15分焼く。

nutella

チョコレート
スプレッド
適量

サンド

6

クッキーが完全に冷めたら
チョコレートスプレッドを塗り、
はさむ。

ちょっと満足感のある
お菓子 "♡"

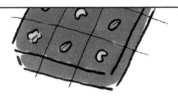

ブラウニー

リッチなチョコレート生地に、ナッツを加えて

材料

(20×14cmのバット、もしくは15×15cm角型1台分)

板チョコレート (ダーク)	100g
バター (無塩)	50g
砂糖	大さじ3
卵	2個
A 薄力粉	大さじ3
┗ ココアパウダー	大さじ1
刻んだミックスナッツ (無塩)	50g
飾り用ミックスナッツ (無塩)	9粒

下準備

- 板チョコレートは細かく刻んでおく

- 卵は室温にもどし、溶いておく

- Aは合わせておく

- オーブンを180℃に予熱しておく

- 型の側面と底面に
  オーブン用ペーパーを敷いておく

作り方

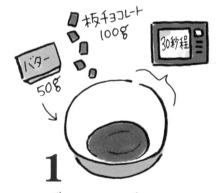

1

ボウルに刻んだ板チョコレートと
バターを入れて、電子レンジで
30秒程加熱して溶かす。

2

砂糖、溶いた卵を加え、
ツヤが出るまで
ゴムベラでよく混ぜる。

3

Aをふるい入れ、
刻んだミックスナッツを加え、
さっくり混ぜる。

4

型に流し入れ、
飾り用ミックスナッツをのせる。
オーブンで18〜20分焼く。

5

粗熱が取れたら型から出し、
9等分にする。

マーマレードマドレーヌ

オレンジ風味の素朴なおやつ

材料
（直径7cmの円形マドレーヌ型6個分）

卵		2個
砂糖		大さじ6
A	薄力粉	100g
	ベーキングパウダー	小さじ1
バター（無塩）		100g
マーマレード		大さじ3

下準備

- 卵は室温にもどしておく

- Aは合わせておく

- バターは電子レンジでまず20秒加熱し、
  様子を見ながら10秒ずつ加熱して溶かしておく

- オーブンを180℃に予熱しておく

作り方

1 ボウルに卵を入れて溶き、砂糖を加えて泡立て器ですり混ぜる。

2 Aを3回に分けてふるい入れ、生地にツヤが出てなめらかになるまで混ぜる。

フランス産の
リキュール
コアントローを
入れても
いいね

マーマレード

バター
100g

大さじ3 ↓

スプーンですくって入れる

180℃

3 溶かしたバターとマーマレードを
加え、混ぜる。

4 スプーンで生地を型に流し入れ、
オーブンで15〜20分焼く。

ウーピーパイ

ココア生地でふわふわマシュマロをはさんで

材料
（直径約5cmのもの11個分）

バター（無塩）		50g
砂糖		大さじ5
卵		1個
牛乳		大さじ3
A	薄力粉	100g
	ココアパウダー	大さじ2
	ベーキングパウダー	小さじ1
	塩	ひとつまみ
マシュマロ		11個

下準備
- バターは室温にもどしておく
- 卵は室温にもどし、溶いておく
- Aは合わせておく
- オーブンを180℃に予熱しておく
- 天板にオーブン用ペーパーを敷いておく

作り方

1
ボウルにバターを入れて、泡立て器でクリーム状になるまで混ぜ、砂糖を加えてすり混ぜる。

2
溶いた卵を少しずつ加えてなじむように混ぜる。

3
牛乳を加えて、Aを3回に分けてふるい入れ、なめらかになるまでゴムベラで混ぜる。

4

スプーンで小さじ2杯分程
生地をすくい、天板に直径
4cm程に広げる。
これを22個作り、オーブンで
13〜15分焼く。

マシュマロを
つぶすようにして
サンドする

5

粗熱が取れたらケーキ1個に
マシュマロをのせ、再びオーブンで
1〜2分焼く。マシュマロが溶けた
ところで残りのケーキを重ねる。

コブラー

熱いうちに！ホカホカ甘酸っぱい

材料
（直径18cm程度の耐熱皿1枚分／ココットなら6個分）

A	薄力粉	100g
	ベーキングパウダー	小さじ1
	塩	ひとつまみ
	砂糖	大さじ4
	バター（無塩）	50g
	牛乳	大さじ2
	冷凍ミックスベリー	200g

下準備
- バターは1cm角に切り、冷蔵庫に入れておく
- 冷凍ミックスベリーは解凍して、砂糖（小さじ2・分量外）をまぶしておく
- オーブンを200℃に予熱しておく

作り方

粉のダマをなくす

A →

1
ボウルにAを入れ、泡立て器で混ぜる。

カードがあると便利

バター50g

そぼろ状にする

2
よく冷えた角切りのバターを加え、手のひらを使ってすり混ぜていく（カードがあれば、カードでバターを切りながら混ぜる）。

MILK 大さじ2

1時間以上

3
バターがそぼろ状になったら、牛乳を加えてゴムベラで全体がまとまるように大きくざっくり混ぜ、ひとまとめにして、ラップで包み冷蔵庫で1時間以上休ませる。

コップでも
型抜き
できる

4
生地を冷蔵庫から取り出し、
打ち粉をして、麺棒でのばして3つ折りに
する。これを3回繰り返したら
1cm程の厚さにのばし、
直径5cm程の丸型で抜く。

200℃

5
耐熱皿にミックスベリーを
敷き詰め、その上に型抜きした
生地をのせ、オーブンで20〜25
分焼く。

ケーキドーナツ

カリッ、ふわっ、揚げたてが最高

材料
(直径約5cmのもの約25個分)

卵	1個
砂糖	大さじ6
牛乳	50cc
バター (無塩)	20g
塩	少々
A 薄力粉	150g
ベーキングパウダー	小さじ2
揚げ油 (サラダ油など)	適量

下準備

- バターは電子レンジでまず20秒加熱し、様子を見ながら10秒ずつ加熱して溶かしておく

- Aは合わせておく

- 鍋に揚げ油を用意し、160℃にしておく

作り方

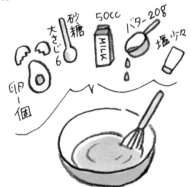

1 卵、砂糖、牛乳、溶かしたバター、塩の順にボウルに入れて泡立て器で混ぜ、卵液を作る。

2 Aを3回に分けてふるい入れ、粉っぽさがなくなるまでゴムベラで混ぜる。

スプーンを
2本使用
すると
やりやすい →

160℃

3 スプーンで大さじ1程の量を
すくい、揚げ油の中に生地を
落とし、こんがりするまで揚げる。

お菓子の保存について

　我が家は2人家族なので、作ったお菓子をその日のうちに食べきるということは、まずありません。おいしいので、一気に食べたいという気持ちをグッとこらえることもありますが……。

　クッキー類は湿気が何より大敵なので、冷凍用保存袋や、プラスチック保存容器に入れて、なるべく空気に触れないように保存しています。手に入れば、乾燥剤をクッキーと一緒に入れておくと、より効果的に湿気を防ぐことができます。

　ケーキなど乾燥から守りたいお菓子は、ラップで包んで冷蔵庫へ。私は、2～3日を目安に食べきるようにしています。冷凍する場合は、切り分けて1つずつラップで包み、冷凍用保存袋にまとめて入れて、冷凍庫へ。食べるときは自然解凍します。冷凍の場合は、2～3週間程を目安に食べきりましょう。

　手作りお菓子は市販のお菓子と違い、保存料などが入っていないので、劣化が早いです。おいしいうちに、どんどん食べるのがベストなのです。

Part.2

特別な日に食べたいお菓子

ずっしりボリュームのある
パウンドケーキにホールケーキ。
作れば、何だか特別な日になる気がする
大きなケーキを作りましょう。

いとも簡単 混ぜるだけケーキ

チョコレートバナナパウンドケーキ

絶対おいしい組み合わせで、食べ応えあり

材料

(17.5×8×高さ6cmのパウンド型1台分)

バター (無塩)	100g
砂糖	大さじ5
卵	2個
A 薄力粉	100g
ベーキングパウダー	小さじ2
塩	ひとつまみ
バナナ	2本
アーモンド (無塩)	50g
板チョコレート (ダークかミルク)	50g

下準備

- バターは室温にもどしておく
- 卵は室温にもどし、溶いておく
- Aは合わせておく
- バナナは1cm角に、アーモンド、板チョコレートは粗く刻んでおく
- オーブンを170℃に予熱しておく
- 型の側面と底面にオーブン用ペーパーを敷いておく

作り方

1 ボウルにバターを入れてクリーム状になるまで泡立て器で混ぜ、砂糖を加えてすり混ぜる。

2 溶いた卵を少しずつ加えて、なじむまで混ぜる。

3 Aを3回に分けてふるい入れ、ゴムベラで切るように混ぜる。

4

刻んだバナナ、アーモンド、
板チョコレートを加え、混ぜる。

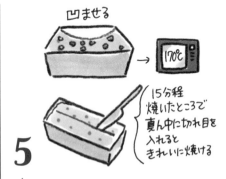

5

真ん中が凹むように型に流し
入れて、オーブンで40〜45分
焼く。粗熱が取れたら型から取り出す。

ヴィクトリアケーキ

 バターたっぷりの生地に、ジャムをサンド

材料
（直径18cmの丸型1台分）

バター（無塩）	……	100g
砂糖	……	100g
卵	……	2個
A｜薄力粉	……	100g
｜ベーキングパウダー	……	小さじ2
｜塩	……	少々
いちごジャム	……	適量
粉砂糖	……	適量

下準備
- バターは室温にもどしておく
- 卵は室温にもどし、溶いておく
- Aは合わせておく
- オーブンを180℃に予熱しておく
- 型の側面と底面に
  オーブン用ペーパーを敷いておく

作り方

1
ボウルにバターを入れて
クリーム状になるまで泡立て器で
混ぜ、砂糖を加えてすり混ぜる。

2
溶いた卵を少しずつ加え、
なじむまで混ぜる。

3
Aを3回に分けてふるい入れ、
ゴムベラで切るように混ぜる。

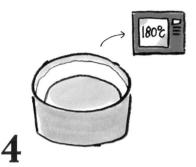

4

型に流し入れ
オーブンで25〜30分焼く。

カット

粉砂糖 適量

茶こしに
入れて
かける

いちご
ジャム
適量

5

粗熱が取れたら型から
取り出し、完全に冷めたら
厚みが半分になるように切る。
断面にいちごジャムを塗って
重ね、粉砂糖をふる。

アップルスパイスケーキ

りんごとスパイスで、風味豊かに

材料
(17.5×8×高さ6cmのパウンド型1台分)

りんご	1/2個
バター(無塩)	100g
砂糖	大さじ7
卵	2個
はちみつ	大さじ1
すりおろし生姜(チューブでも可)	小さじ1
A 薄力粉	100g
ベーキングパウダー	小さじ2
オールスパイス	小さじ1
塩	ひとつまみ
ミックスナッツ(無塩)	50g
レーズン	25g

下準備

- バターは室温にもどしておく
- 卵は室温にもどし、溶いておく
- Aは合わせておく
- ミックスナッツは粗く刻んでおく
- オーブンを170℃に予熱しておく
- 型の側面と底面に
  オーブン用ペーパーを敷いておく

作り方

1
りんごを角切りにして
鍋に入れ、中弱火にかけて
りんごが透き通って
汁気がなくなるまで煮る。

2
ボウルにバターを入れ
クリーム状になるまで泡立て器で
混ぜ、砂糖を加えてすり混ぜる。

3
溶いた卵を少しずつ加え、
なじむまで混ぜたら、はちみつ、
すりおろし生姜を加えて
さらに混ぜる。

4 Aを3回に分けてふるい入れ、ゴムベラで切るように混ぜる。

ミックスナッツ 50g
1のりんご
レーズン 25g

5 1のりんご、刻んだミックスナッツ、レーズンを加え混ぜる。

凹ませる

170℃

15分程
焼いたところで
真ん中に切れ目を
入れると
きれいに焼ける

6 真ん中が凹むように型に流し入れ、オーブンで40〜50分焼く。粗熱が取れたら、型から取出す。

茶こしに入れてかける
粉砂糖 適宜

好みで粉砂糖をふってもおいしい。

食感いろいろ 重ねるお菓子

今年も叔母さんからりんごがたくさん届いた！

わぁい！

いつもはりんごを煮てパイ生地を作ってアップルパイにするのだけど

今回は手早く作りたいから

Pie Sheet

冷凍パイシートの出番だ！

クッキー型を使って型抜きしてかわいく飾ろう！

ラスティックパイならパイ皿いらず

具を包んでそのまま焼いちゃえばいい

具をミートソースやホワイトソースベースのものにして おかずパイにしてもいい

余った冷凍パイシートはグラニュー糖や粉チーズをかけて焼いてもおいしいよ

ミルクレープ

生地とクリームをいくつも重ねて

材料

(直径約15cmのもの1個分)

薄力粉	50g
砂糖	小さじ2
卵	1個
牛乳	130cc
バター (無塩)	10g
A 生クリーム	200cc
砂糖	大さじ3
いちご、スライスアーモンド、	
粉砂糖	各適宜

下準備

● 卵は溶いておく

● バターは電子レンジでまず20秒加熱し、
　様子を見ながら10秒ずつ加熱して溶かしておく

作り方

1
ボウルに薄力粉、砂糖を
入れ、泡立て器でダマが
なくなるよう混ぜる。

2
溶いた卵を加え、
よく混ぜる。

3
牛乳を少しずつ加えて
なめらかになるまで混ぜ、
溶かしたバターを加えて混ぜる。

4

冷蔵庫で1時間〜一晩
休ませる。

5

生地を室温にもどし、お玉8分目
程の量を、薄く油(分量外)をひいた
フライパンに流し入れ、中火から中弱火
で焼く。片面1分程を目安に
両面焼く。同じ要領で7枚焼く。

6

ボウルにAを入れ
ハンドミキサーで泡立てる。
生地が冷めたら、クリームと交互に
重ねる。好みでカットしたいちご、
スライスアーモンドを飾り、
粉砂糖をふる。

型抜きアップルパイ

好きな型で、かわいく仕上げて

材料
（直径約18cmのパイ皿1枚分）

りんご	2個
砂糖	大さじ1
シナモン	少々
コーンスターチ（または片栗粉）	小さじ1
冷凍パイシート（18×18cmのもの）	2枚
卵	適量

下準備
- 冷凍パイシートは解凍しておく
- 卵は溶いておく
- オーブンを200℃に予熱しておく

作り方

1
りんごをいちょう切りにして鍋に入れ、砂糖、シナモンを加えて中弱火にかけ、りんごが透き通って汁気がなくなるまで煮る。

2
りんごが煮えたら火をとめコーンスターチを全体にまぶして混ぜておく。

3
冷凍パイシートを型の大きさより少し大きいくらいに麺棒でのばす。1枚はパイ皿の底に敷き、余分な生地をカットする。フォークで底全体に穴をあけ、2のりんごを敷き詰める。

4

もう1枚はクッキー型で型抜きして、
3にかぶせ、余分な生地をカット
する。抜いた生地は表面に
好きなように飾る。

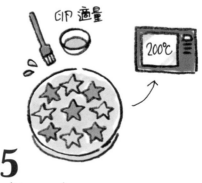

卵 適量

200℃

5

表面に溶いた卵をぬり、
オーブンで20~30分焼く。
粗熱が取れたら型から
取り出す。

桃缶のラスティックパイ

缶詰と市販の生地を使い、型なしで作れる！

材料

（直径約16cmのもの1つ分）

バター（無塩）	10g
砂糖	大さじ1
アーモンドプードル	30g
冷凍パイシート（18×18cmのもの）	1枚
黄桃（缶詰・半割りのもの）	4きれ
卵	適量

下準備

- バターは室温にもどしておく
- 冷凍パイシートは解凍しておく
- 黄桃はそれぞれ、6等分のくし形に切っておく
- 卵は溶いておく
- オーブンを200℃に予熱しておく
- 天板にオーブン用ペーパーを敷いておく

作り方

1 ボウルにバターを入れ、ゴムベラでクリーム状になるまで混ぜる。砂糖とアーモンドプードルを加えてさらに混ぜる。

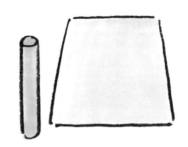

2 冷凍パイシートを麺棒で正方形にのばす。

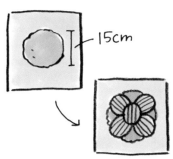

3 生地の中央に1をのせ
直径15cm程になるように
丸く広げる。その上に
くし形に切った黄桃を並べる。

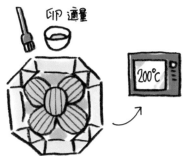

4 生地の端を折りたたみ、
溶いた卵を塗って、オーブンで
20〜30分焼く。

カスタードクリームタルト

市販のタルトを、特製クリームで格上げ

材料

(ミニタルトカップ9個分)

牛乳	200cc
卵黄	2個分
グラニュー糖	大さじ4
薄力粉	大さじ1
コーンスターチ (または片栗粉)	大さじ2
バニラエッセンス	少々
ミニタルトカップ	9個
ココアパウダー、冷凍ミックスベリー	各適宜

下準備

● 冷凍ミックスベリーは解凍しておく

作り方

1 鍋に牛乳を入れ、弱火にかけて、沸騰しない程度に温め、火をとめる。

2 ボウルに卵黄とグラニュー糖を入れ、泡立て器ですり混ぜる。

3 薄力粉、コーンスターチをふるい入れ、バニラエッセンスを加えてよく混ぜる。

4

1の牛乳を3に加えて混ぜたら、茶こしなどでこしながら鍋にもどす。

冷ます

5

鍋を弱めの中火にかけ、焦がさないように木ベラで混ぜ続ける。もったりしてきたら火をとめ、バットに移して冷ます。

ココアパウダー 適宜

紙 →

半分は紙で覆ってココアパウダーをふりかける

冷凍ミックスベリー
適宜

6

ミニタルトカップに5を詰め、好みでココアパウダーをかけたり、冷凍ミックスベリーをのせる。冷蔵庫でよく冷やす。

チョコレートケーキ

チョコレートづくしの贅沢ケーキ

材料
(17.5×8×高さ6cmのパウンド型1台分)

バター（無塩）		100g
砂糖		大さじ5
卵		2個
A	薄力粉	100g
	ココアパウダー	大さじ3
	ベーキングパウダー	小さじ2
板チョコレート（ダーク）		50g
飾り用板チョコレート (ダークとミルク)		100g（各50g）
アーモンド		10g

下準備
● バターは室温にもどしておく

● 卵は室温にもどし、溶いておく

● Aは合わせておく

● 板チョコレートは細かく刻んでおく

● 飾り用板チョコレートは溶かし、
　アーモンドは刻んでおく

● オーブンを170℃に予熱しておく

● 型の側面と底面に
　オーブン用ペーパーを敷いておく

作り方

砂糖
大さじ5

バター
100g ↓

1

ボウルにバターを入れ
クリーム状になるまで泡立て器で
混ぜ、砂糖を加えてすり混ぜる。

卵
2個

2

溶いた卵を少しずつ加えて、
なじむまで混ぜる。

A

3

Aをふるいながら3回に分けて
加え、ゴムベラで切るように
混ぜる。

板チョコレート
50g

4

刻んだ板チョコレートを加えて
さっくり混ぜる。

凹ませる

170℃

15分程
焼いたところで
真ん中に
切れ目を入れると
きれいに焼ける

5

真ん中が凹むように型に流し
入れ、オーブンで40〜45分焼く。

飾り用
板チョコレート
100g

アーモンド
10g

6

粗熱が取れたら型から取り
出す。冷めたら溶かした
飾り用板チョコレートをかけ、
刻んだアーモンドをふりかける。

ガトーショコラ

ふんわりしっとり、軽い口どけ

材料
(直径15cmの底取型1台分)

板チョコレート (ダーク)	………	150g
バター (無塩)	………	50g
卵	………	3個
グラニュー糖	………	大さじ4
A | 薄力粉	………	大さじ3
┗ ココアパウダー	………	大さじ1
粉砂糖	………	適量

下準備

- 板チョコレートとバターは耐熱容器に入れ、電子レンジで30秒加熱し、溶かしておく
- 卵は卵黄と卵白に分けておく
- Aは合わせておく
- オーブンを170℃に予熱しておく
- 型の側面と底面にオーブン用ペーパーを敷いておく

作り方

1 ボウルに溶かした板チョコレートとバターを入れてゴムベラでよく混ぜる。

2 卵黄とグラニュー糖大さじ1を加え、よく混ぜる。

3 Aをふるい入れさらによく混ぜる。

グラニュー糖
大さじ3
3回に分けて加える

卵白
3個分

4

別のボウルに卵白を入れ
残りのグラニュー糖を3回に分けて
加えながらハンドミキサーで混ぜ、
角が立つまでしっかり泡立てる。

5

4のメレンゲを少量取り、
3のボウルに加え、
ゴムベラで混ぜる。

ボウルを
まわしながら
混ぜる

6

残りのメレンゲを加え、
すくいあげるようにして
手早く混ぜる。

170℃

粉砂糖
適量

茶こしに
入れてふる

7

型に流し入れてオーブンで
30～35分焼き、粗熱が取れ
たら型から取り出す。完全に
冷めたら粉砂糖をふる。

ニューヨークチーズケーキ

蒸し焼きにして、ふっくらなめらか

材料
（直径15cmの底取型1台分）

オレオ	1袋分
（クリーム込みで80g）	
バター（無塩）	30g
クリームチーズ	200g
砂糖	大さじ5
卵	2個
薄力粉	大さじ3
生クリーム	200cc

下準備
- オレオのクリームは取り除いておく
- バターは電子レンジでまず20秒加熱し、様子を見ながら10秒ずつ加熱して溶かしておく
- クリームチーズは室温にもどしておく
- 卵は室温にもどし、溶いておく
- 湯（分量外）を沸かしておく
- オーブンを180℃に予熱しておく
- 型の側面と底面にオーブン用ペーパーを敷き、底をアルミホイルで覆っておく

オーブン用ペーパー

型の底をアルミホイルで覆う

作り方

1
オレオはポリ袋に入れ細かく砕き、溶かしたバターを加え混ぜる。型に敷き詰め、冷蔵庫におく。

2
ボウルにクリームチーズと砂糖を入れ、泡立て器でよく混ぜる。

3
溶いた卵を加えて混ぜ、薄力粉をふるい入れてよく混ぜる。

生クリーム 200cc

4

生クリームを加えて
よく混ぜる。

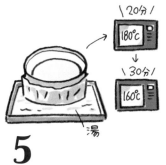

\20分/
180℃
↓
\30分/
160℃

湯

5

生地を1の型に流し入れて、
天板に湯を張り、オーブンで
20分焼いたら、160℃に下げて
さらに30分焼く。

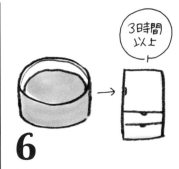

3時間
以上

6

粗熱が取れたら、
冷蔵庫で3時間以上冷やして
型から取り出す。

デコレーションの話

幼い頃、クリスマスにスポンジケーキを買ってきて、作ったホイップクリームで初めてデコレーションしたときのことを覚えています。母が手本を見せてくれて、妹と一緒にそれをまねしてクリームをしぼっていき、ケーキに縁取りしました。ケーキがみるみる華やかになっていくのが、嬉しかったものです。

お菓子を作ったら、やってみたくなるのがデコレーションですよね。ホイップクリームを使わなくても、茶こしを使って、粉砂糖やココアパウダーをかけるだけで、ぐっと見栄えがよくな

ります。市販のお菓子用のステンシルシートや、手作りのステンシルシートで模様をつけるのも素敵。

溶かしたチョコレートをかけて、表面をコーティングしてもかわいい。チョコレートがかたまらないうちに、トッピングシュガーやカラーチョコレートスプレーで飾ればポップに、フリーズドライのいちごフレークをちらせば、赤い色が大人っぽく映えます。

市販の小さなお菓子を使ってみるのもあり。自由に飾って、楽しみましょう。

Part.3

朝ごはんにしたいお菓子

朝から大好きなものを食べれば、
それだけで一日を頑張れる気がする。
朝ごはんにもぴったりなお菓子を集めました。

もちもち ふわふわ 朝ごはん

材料を混ぜるだけの
蒸しケーキは

蒸し器いらず

プリンカップに生地を入れて
フライパンで蒸しちゃう

この蒸しケーキ
朝ごはんだけでなく
餃子と一緒に食べるのも
お気に入り

餃子のたれに
つけながら食べると最高!

ちょん

エビチリ

野菜炒め
豚の角煮

餃子だけでなく
いろいろな中華料理に
とても合うよ

さて
生地を仕込んで
出来上がるまでに
おかずを作りますか

オイルマフィンには
サラダかな

キャロットラペとか

甘いのとしょっぱいのは合う!

パンケーキには
ベーコンと
目玉焼き

蒸しケーキは
何でもOK

\万能!/

豊かな朝だ〜

オイルマフィン

バター不使用で楽ちん、好きな具を混ぜて

材料
（140ccのカップ4つ分）

生地

卵	1個
砂糖	大さじ4
牛乳	大さじ3
サラダ油	大さじ3
A 薄力粉	100g
ベーキングパウダー	小さじ1
塩	ひとつまみ

具

B	バナナ	小1本
	板チョコレート（ダークかミルク）	25g
C	りんご	1/4個
	キャラメル	6粒

下準備

- Aは合わせておく
- バナナはひとくち大、りんごはいちょう切りにし、板チョコレートとキャラメルは粗く刻んでおく
- オーブンを170℃に予熱しておく
- プリンカップに紙カップをセットしておく

作り方

1 ボウルに卵、砂糖、牛乳、サラダ油を順に入れて、泡立て器でよく混ぜ合わせる。

2 Aをふるいながら加えてゴムベラで粉っぽさがなくなるまでよく混ぜる。

3 カップに生地と具（BかC）をそれぞれ生地→具→生地→具の順に交互に入れる。

4 オーブンで25〜30分焼く。

蒸しケーキ

もっちり、おかずにも合う万能ケーキ

材料
(140ccのカップ4つ分)

卵	1個
砂糖	大さじ4
牛乳	50cc
サラダ油	大さじ1
A 薄力粉	100g
ベーキングパウダー	小さじ1

下準備
- Aは合わせておく
- プリンカップに紙カップをセットしておく
- フライパンに水(分量外)を2cm程の高さまで入れ、沸かしておく

作り方

1 ボウルに卵、砂糖、牛乳、サラダ油を順に入れて、泡立て器でよく混ぜる。

2 Aをふるい入れ、ゴムベラで粉っぽさがなくなるまでよく混ぜる。

3 カップに生地を
スプーンですくって入れる。

ふた

湯

4 沸騰した湯が入ったフライパンに
3を入れ、ふたをして12〜15分
中火で蒸し焼きにする。

ヨーグルトパンケーキ

ヨーグルト効果で、ふわっと、もちもち

材料

（直径約14cmのもの約3枚分）

卵		1個
砂糖		大さじ3
塩		ひとつまみ
ヨーグルト		大さじ5
サラダ油		大さじ1
牛乳		50cc
A	薄力粉	100g
	ベーキングパウダー	小さじ1
バター（有塩）、 メープルシロップ		各適量

下準備

● Aは合わせておく

作り方

1 ボウルに卵、砂糖、塩、ヨーグルト、サラダ油、牛乳を順に入れて、泡立て器でよく混ぜ合わせる。

2 Aをふるい入れて、ゴムベラで粉っぽさがなくなるまでよく混ぜる。

3 フライパンに薄く油（分量外）を
ひき、弱火にして、お玉1杯分ずつ
流し入れる。表面に泡がふつふつ
と出てきたら返し、裏面も焼く。

メープル
シロップ

有塩
バター

4 皿に盛り、有塩バターと
メープルシロップをかける。

朝おやつで ほっと幸せになる

スコーン

サクッ、ほろっ、ティータイムの定番を朝食に

材料
（約6個分）

A	薄力粉	200g
	砂糖	大さじ4
	ベーキングパウダー	小さじ2
	塩	ひとつまみ
バター（無塩）		50g
牛乳		70cc

下準備

- バターは1cm角に切り、冷蔵庫で冷やしておく
- オーブンを200℃に予熱しておく
- 天板にオーブン用ペーパーを敷いておく

作り方

1
ボウルにAを入れ、泡立て器で混ぜる。

ダマがなくなるようにする

2
よく冷えた角切りのバターを加え、手のひらを使ってすり混ぜていく（カードがあればカードでバターを切りながら混ぜる）。

バター50g
カードがあると便利

3
そぼろ状になったら、牛乳を加えて全体がまとまるようにゴムベラでざっくりと混ぜてひとまとめにし、ラップでくるんで冷蔵庫で1時間以上休ませる。

70cc MILK
1時間以上

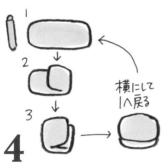

4

生地を冷蔵庫から取り出し
打ち粉をして、麺棒でのばして3つ折り
にする作業を3回繰り返す。

横にして
1へ戻る

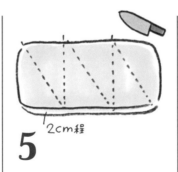

2cm程

5

打ち粉をしたまな板の上で
2cm程の厚さにのばし、
包丁で三角形の6等分にする。

牛乳

200℃

6

表面に牛乳(分量外)を塗り、
オーブンで10〜15分焼く。

バナナコーヒーブレッド

バナナの甘みとコーヒーのほろ苦さが合う！

材料
(17.5×8×高さ6cmのパウンド型1台分)

卵	1個
砂糖	大さじ5
サラダ油	大さじ4
A 薄力粉	100g
ベーキングパウダー	小さじ2
塩	ひとつまみ
バナナ	1本
アーモンド (無塩)	35g
牛乳、インスタントコーヒー	各小さじ2

下準備
- バナナは細かく、アーモンドは粗く刻んでおく
- インスタントコーヒーは
  小さじ1の牛乳で溶かしておく
- オーブンを170℃に予熱しておく
- 型の側面と底面に
  オーブン用ペーパーを敷いておく

作り方

1 ボウルに卵、砂糖、サラダ油を順に入れて泡立て器でよく混ぜる。

2 Aをふるいながら加えてゴムベラで少し混ぜ、刻んだバナナとアーモンドも加え、粉っぽさがなくなるまでさっくり混ぜる。

牛乳
小さじ1で
溶いた
インスタントコーヒー

牛乳
小さじ1

コーヒー生地

プレーン生地

3 生地を2つに分け、片方には
牛乳で溶いたインスタントコーヒーを、
もう片方には残りの牛乳を入れて
それぞれ混ぜる。

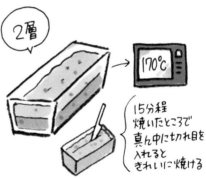
2層

170℃

15分程
焼いたところで
真ん中に切れ目を
入れると
きれいに焼ける

4 型にコーヒー入りの生地を先に
入れる。さらにもう一方の生地を
入れて2層にし、オーブンで
40〜45分焼く。
粗熱が取れたら、型から取り出す。

キャロットケーキ

すりおろしにんじん1本分入り！ソフトな口当たり

材料

(20×14cmのバット、もしくは15×15cm角型1台分)

卵		1個
砂糖		大さじ5
サラダ油		大さじ4
にんじん		1本(約100g)
A	薄力粉	100g
	ベーキングパウダー	小さじ2
	シナモン	小さじ1/2
	塩	ひとつまみ

下準備

- にんじんはすりおろしておく
- Aは合わせておく
- オーブンを170℃に予熱しておく
- 型の側面と底面に
  オーブン用ペーパーを敷いておく

作り方

1 ボウルに卵、砂糖、サラダ油を順に入れて、泡立て器でよく混ぜ合わせる。

2 すりおろしたにんじんを加えて、ゴムベラでよく混ぜる。

3 Aをふるいながら加え、
さっくり混ぜる。

4 型に流し入れて
オーブンで 20〜25分 焼く。
粗熱が取れたら型から取り出し、
切り分ける。

レーズンブレッド

具がゴロゴロ、サクサク食感がクセになる

材料
（20×14cmのバット、もしくは15×15cm角型1台分）

バター（無塩）	50g
砂糖	大さじ1
卵	1個
A 薄力粉	100g
ベーキングパウダー	小さじ1/2
塩	ひとつまみ
レーズン	100g

下準備

- バターは室温にもどしておく

- 卵は室温にもどして溶き、
  小さじ2をツヤ出し用に取っておく

- Aは合わせておく

- オイルコートされているレーズンの場合は、
  湯通しして乾かしておく

- オーブンを180℃に予熱しておく

- 型の側面と底面に
  オーブン用ペーパーを敷いておく

作り方

1
ボウルにバターを入れ、
クリーム状になるまで
泡立て器で混ぜ、砂糖を
加えてさらに混ぜる。

2
溶いた卵を少しずつ加えて、
なじむまでよく混ぜる。

3
Aをふるい入れて、
ゴムベラでさっくり混ぜる。

4

レーズンを加えて、
均一になるように混ぜる。

5

型に生地を敷き詰め、
表面に取っておいた溶き卵を塗り、
オーブンで15〜20分焼く。
粗熱が取れたら型から取り出し、
切り分ける。

スイートで楽しい トースト

フレンチトースト

卵の香りとやさしい甘みが嬉しい

材料

（2人分）

牛乳	100cc
卵	1個
砂糖	大さじ1
食パン（6枚切り）	2枚
バター（有塩）	適量
はちみつ、シナモン	各適宜

作り方

1 バットに牛乳、卵、砂糖を入れてフォークでよく混ぜる。

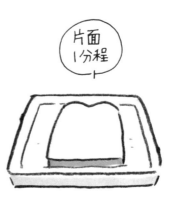

2 食パンを入れ、片面1分程（両面2分）ひたす。

3 熱したフライパンに有塩バターを入れて溶かし、2を中弱火で2分程焼く。軽く焦げ目がついたら返し、裏面も焼く。

シナモン
適宜

はちみつ
適宜

4 皿に盛り、好みではちみつとシナモンをかける。

塩キャラメルバナナトースト

濃厚ソースに、岩塩のしょっぱさが後をひく

材料
（1人分）

A	キャラメル	3粒
	バター（無塩）	5g
	牛乳	小さじ1
食パン（6枚切り）		1枚
バター（有塩）		適量
バナナ		1本
岩塩		少々

下準備

- キャラメルは刻んでおく
- バナナは厚さ1cm程の輪切りにしておく

作り方

1

耐熱容器にAを入れ
電子レンジで15〜20秒温めて
溶かし、スプーンでよく混ぜる。

15〜20秒

キャラメルソースの出来上がり

2

食パンを1〜2分
トースターで焼く。

1〜2分

3

2の食パンに有塩バターを塗り、
輪切りにしたバナナを並べ、
1のキャラメルソースをかける。

有塩バター　適量　バナナ1本　キャラメルソース

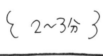

4

3をトースターに入れ
2〜3分焼く。

5

食パンがこんがりと焼けたら
皿に盛り、岩塩をふる。

マシュマロチョコレートトースト

マシュマロがとろ〜り、とびきり甘く！

材料

（1人分）

食パン（6枚切り）	1枚
バター（有塩）	適量
板チョコレート（ビター）	25g（1/2枚）
マシュマロ	8個

下準備

- 板チョコレートは粗く刻んでおく
- マシュマロは半分に切っておく

作り方

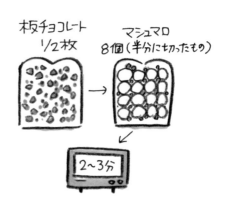

1 食パンは1〜2分トースターで焼き、有塩バターを塗る。

2 1の食パンに刻んだ板チョコレート、半分に切ったマシュマロの順にのせ、トースターで再度2〜3分焼く。

朝ごはんの話

　私は毎日、朝ごはんが楽しみで仕方ありません。夜寝るとき、布団の中で「明日の朝は何を食べようかな」と、わくわくしているくらいです。なぜそんなに楽しみなのかというと、朝昼晩の3食のうち、「一日のエネルギーになるから」という理由で、摂取カロリーを一番気にしなくていい食事だからかもしれませんね（料理の得意な夫が作るオムレツが、素晴らしくおいしいというのもある）。

　我が家の朝食は概ね、おかずに食パンか白米という組み合わせなのですが、これから今日一日を頑張る自分への特別な燃料補給として、お菓子やドーナツを食べるときがあります。前日に作った焼き菓子をトースターで焼いて、ちょっとだけ焦げ目をつけて食べたりするのも好き。

　のんびりしたい朝には、パンケーキや蒸しケーキがいいですね。朝からキッチンに甘い香りが立ち込めて、幸せな気持ちにしてくれます。どちらも、しょっぱいおかずにもよく合います。たまには、朝ごはんの概念をちょっとゆるくしてみませんか。

Part.4

冷たいお菓子

食後のデザートにも、おやつにも食べたい
プリンにムース、アイスクリーム。
ひとくちで生き返る、ひんやり冷たいお菓子です。

ひんやりおいしい アイスクリーム

焼き菓子あるある

うっかり 焼きすぎたー！

中が生っぽいー

焼き菓子は オーブンに入れてから ちゃんと焼けるかなーって ドキドキする

つい 見てしまう↓

じーーっ

その点 アイスクリームは 失敗が少ない

初心者でも 作りやすいよ

カッサータは イタリアのお菓子

材料を混ぜて 凍らせるだけ

アイスクリームに 合うものなら 具は何でもOK

Granola

フルーツや グラノーラでも おいしいよ

凍らせたら 包丁で切り分けて 食べる

ちょっと おしゃれな デザートだよね

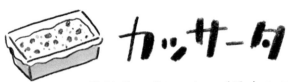

カッサータ

具がザクザク、チーズ風味のアイス

材料
(17.5×8×高さ6cmのパウンド型1台分)

クリームチーズ	100g
砂糖、牛乳	各大さじ2
A グラハムクッキー	3〜4枚
板チョコレート(ダークかミルク)	16g(約1/3枚)
ミックスナッツ(無塩)	30g
生クリーム	150cc

下準備

- クリームチーズは室温にもどしておく

- Aはそれぞれ好みの大きさに刻んでおく

- 型にラップを敷いておく

作り方

1
ボウルにクリームチーズ、砂糖、牛乳を順に入れ、泡立て器でよく混ぜる。

A

2
刻んだAを加えて、ゴムベラで混ぜる。

3
別のボウルに生クリームを入れて、ハンドミキサーで角が立つまで泡立てる。

4

2のボウルに3を加えて、
泡立て器で混ぜる。

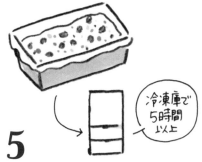

5

型に入れて、冷凍庫で
5時間以上冷やしかためる。
かたまったら型から取り出し、切り分ける。

冷凍庫で
5時間
以上

バナナヨーグルトアイスクリーム

ねっとりしていて、さっぱりした食後感

材料

（400ccのプラスチック容器1個分）

バナナ ································ 1本

はちみつ ··························· 大さじ3

ヨーグルト ························· 1パック (400g)

下準備

● ヨーグルトはキッチンペーパーを敷いたざるに
　入れて、冷蔵庫で一晩水切りしておく

作り方

1 バナナをプラスチック容器に入れて、なめらかになるまでフォークでつぶす。

2 はちみつ、一晩水切りしたヨーグルトを入れ、混ぜる。

さっさっ

3 ふたをして冷凍庫に入れ、
1時間おきに空気を含ませる
ようにかき混ぜる。

＼ねっとり／

4 4時間程冷凍し、完全に凍る
手前のねっとりした状態になったら
食べ頃。※完全に凍らせるとかたく
なりすぎるので注意。

コーヒーアイスクリーム

甘い "コーヒー牛乳味" にとろける

材料
（400ccのプラスチック容器1個分）

インスタントコーヒー	小さじ2
生クリーム	200cc
コンデンスミルク	大さじ3
コーヒー豆型チョコレート	適宜

作り方

生クリーム 大さじ1

インスタント コーヒー 小さじ2

1

小さめの容器にインスタント
コーヒー、生クリーム大さじ1を入れ、
スプーンで混ぜてよく溶かす。

生クリーム 残りの分

コンデンス ミルク 大さじ3

2

ボウルに残りの生クリーム、
コンデンスミルク、1を入れ、
泡立て器で混ぜる。

ブーン

3

ハンドミキサーで
やんわり角が立つ程度に
泡立てる。

さっ さっ

4時間程

コーヒー豆型
チョコレートが
かわいい
↓

4 プラスチック容器に移してふたをし、
冷凍庫に入れ、1時間おきに
フォークで空気を含ませるように
かき混ぜる。

5 4時間程冷凍し、少しやわら
かい状態になったら食べ頃。
器に盛り、好みでコーヒー豆型
チョコレートをのせる。※完全に凍らせると
かたくなりすぎるので注意。

バニラアイスクリーム

卵が決め手！コクがあってクリーミー

材料
（400ccのプラスチック容器1個分）

牛乳	100cc
卵黄	2個分
砂糖	大さじ4
生クリーム	200cc
バニラエッセンス	少々

アレンジ

グラハムクッキー	2枚ずつ

作り方

1 鍋に牛乳を入れて弱火にかけ、沸騰しない程度に温める。

2 ボウルに卵黄と砂糖を入れ、泡立て器ですり混ぜる。

3 1を2に加えて混ぜ、茶こしなどでこしながら鍋にもどす。

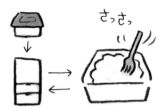

4
鍋を弱めの中火にかけ、
木ベラで混ぜ続け、とろみが
出てきたら火からおろし、
ボウルに移して氷水に漬け
冷ます。

5
別のボウルに生クリームを入れ、
角が立つまでハンドミキサーで
泡立て、4に入れ、バニラエッセンス
を加えて混ぜる。

6
プラスチック容器に移してふたをし、
冷凍庫に入れ、1時間おきに
フォークで空気を含ませるように
混ぜる。4時間程冷凍し、
少しやわらかい状態になったら
食べ頃。※完全に凍らせると
かたくなりすぎるので注意。

アレンジ
アイスクリームサンド

3時間程冷凍し、まだやわら
かい状態のバニラアイスクリームを
グラハムクッキーでサンドして
さらに1時間程冷凍庫で冷やす。

なめらか・濃厚 おうちカフェ

カスタードプリン

かための食感で卵香る、懐かしの味

材料

(140ccのプリンカップ4つ分)

カラメルソース

グラニュー糖	大さじ4
水	大さじ1
牛乳	300cc
卵	2個
グラニュー糖	大さじ4
バニラエッセンス	少々

下準備

- 湯(分量外)を沸かしておく
- オーブンを150℃に予熱しておく

作り方

グラニュー糖 大さじ4　水 大さじ1

スプーン等で混ぜたりしない

1

鍋にグラニュー糖と水を入れて中火にかけ、鍋をふりながら煮つめる。茶色くなったら火からおろし、熱いうちにプリンカップに流し入れる。

MILK 300cc

2

きれいにした鍋に牛乳を入れて弱火にかけ、沸騰しない程度に温める。

グラニュー糖 大さじ4

卵 2個

3

ボウルに卵とグラニュー糖を入れ、泡立て器ですり混ぜる。

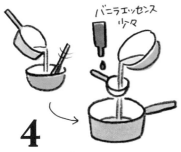

4

2を3のボウルに加え、泡立て器で
混ぜる。全体が混ざったら
茶こしなどでこしながら鍋にもどし、
バニラエッセンスを加える。

5

1のプリンカップに4を流し入れる。
深めのバットに並べ、プリンカップの
半分程の高さまで湯を入れる。
それぞれ、アルミホイルでふたを
すると尚よい。

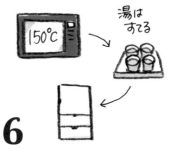

6

オーブンで30分程蒸し焼きにする。
かたまったら粗熱を取り、冷蔵庫で
冷やす。

チョコレートムース

材料たった3つの、濃厚ムース

材料
（小さいグラス5個分）

板チョコレート（ミルクとダーク）‥‥ 100g（各1枚）

生クリーム ‥‥‥‥‥‥‥‥‥‥‥‥‥‥ 200cc

ココアパウダー ‥‥‥‥‥‥‥‥‥‥‥‥ 適量

作り方

1
板チョコレートを細かく刻んでボウルに入れる。

2
生クリーム100ccを鍋に入れて弱火にかけ、沸騰しない程度に温める。

3
2を1のボウルに流し入れ、泡立て器でよく混ぜる。チョコレートが溶けきったら、氷水につけ粗熱を取る。

4

残りの生クリームを別のボウルに
入れ、ハンドミキサーで軽く角が
立つまで泡立てる。

ゴムベラで
入れる

3回に
分けて

5

3のボウルに4を3回に分けて
加え、ムラがないよう泡立て器で
よく混ぜる。

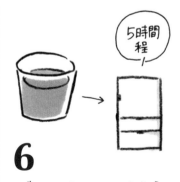

5時間
程

6

グラスに流し入れ、冷蔵庫で
5時間程冷やしかためる。
食べる直前にココアパウダーをふる。

クレームダンジュ風ヨーグルト

ふわっとさっぱりしたデザート

材料
(小さい器6個分)

ヨーグルト 1パック (400g)
グラニュー糖 大さじ2
生クリーム 200cc
好きなジャム .... 適宜

下準備
● ヨーグルトはキッチンペーパーを敷いたざるに
入れて、冷蔵庫で一晩水切りしておく

作り方

1
ボウルに水切りしたヨーグルトを入れ、グラニュー糖を加えて、グラニュー糖が溶けるまで泡立て器でよく混ぜる。

2
別のボウルに生クリームを入れハンドミキサーで、角が立つまで泡立てる。

3
1のボウルに2を3回に分けて加え、泡立て器でムラがないように混ぜる。

4

3をキッチンペーパーを敷いた
ざるに入れて、冷蔵庫で
5時間以上おく。

5

4を器に盛り、好みで
ジャムをかける。

ヌテラチーズケーキ

チョコレートの甘さとチーズの塩気が絶妙

材料

（直径8cmのココット3個分）

クリームチーズ ……………………… 100g

チョコレートスプレッド

（今回はヌテラを使用） ……………… 大さじ3

グラニュー糖 …………………………… 大さじ1

生クリーム ……………………………… 100cc

チョコレートつき全粒粉ビスケット …… 7枚

（うち1枚は飾り用）

下準備

● クリームチーズは室温にもどしておく

● チョコレートつき全粒粉ビスケットは、
　飾り用の1枚を残し、粗めに砕いておく

作り方

1

クリームチーズをボウルに入れ
泡立て器で混ぜてなめらかに
する。

2

チョコレートスプレッドと
グラニュー糖を加えて
よく混ぜる。

3

別のボウルに生クリームを入れ
ハンドミキサーで軽く角が立つまで
泡立て、2に3回に分けて加え、よく混ぜる。

4

ココットに砕いたチョコレートつき
全粒粉ビスケットを敷いて
3を入れ、冷蔵庫で5時間
以上冷やす。

チョコレートつき
全粒粉ビスケット

5時間
以上

5

4に飾り用に残しておいた
チョコレートつき全粒粉ビスケットを
4等分して飾る。

4等分
した
1個を
のせる

重ねて作って パフェ気分

巨大パフェ… 食べたいな

もわん

家で作るとなれば 材料をそろえるのが 大変そう

ICE
ICE
ICE
生クリーム
スポンジケーキ
Pocky

コストも かかりそうね

1000
1000

そうなれば あるもので パフェっぽいものを 作りましょう

Biscuit
cream

トライフルなんて どうかしら？

大きいのから小さいのまで

いろいろな器で作れるよ

イギリスの 簡単デザート

カスタードクリームと
ホイップクリームを作って
市販のスポンジケーキと
フルーツを重ねるだけ

START

\ GOAL /

旬のフルーツを使えば
季節ごとにいろいろ楽しめそう

桃↓

さくらんぼ→

パフェみたいに
派手じゃないけど
素朴でおいしいのが
セラドゥーラ

聖ポール
天主堂跡

ポルトガルから
マカオに伝わった
デザートらしい

以前 旅したマカオで
食べて好きになったの

おいしっ

パフェ気分のお菓子は
市販のお菓子を
うまく使って
手軽に作りたいね

MARIE
BISCUIT

カステラ

ZZZ

よーく
冷やしてから
食べるのも大切

大きなパフェもいいけど
自分で作った
ちんまりパフェも最高

うーん
いいね

119

セラドゥーラ

ビスケットとホイップクリームで絶品おやつ

材料
（直径8cmのココット3個分）

生クリーム ……………………… 200cc

コンデンスミルク ……………… 大さじ3

ビスケット ……………………… 12枚

下準備
● ビスケットはポリ袋に入れ、
粉状に細かく砕いておく

作り方

1 ボウルに生クリームを入れ、ハンドミキサーで、動かしたときに少し跡が残る程度に泡立てる。

2 コンデンスミルクを加え、しっかり角が立つまで泡立てる。

― ビスケット
― クリーム
― ビスケット
― クリーム
― ビスケット

3 ココットに砕いたビスケットを敷き、その上に2を入れる。これをもう一度繰り返し、一番上にもビスケットをのせる。

5時間
以上

4 冷蔵庫で5時間以上冷やす。

トライフル

フルーツやクリームを好きなように重ねて

材料
（グラス2個分）

牛乳		200cc
卵黄		2個分
グラニュー糖		大さじ4
A	コーンスターチ	大さじ2
	薄力粉	大さじ1
バニラエッセンス		少々
B	生クリーム	100cc
	グラニュー糖	小さじ2

市販のスポンジケーキ
（もしくはカステラ） ………………… 1/4個（4切れ）

好きなフルーツ
（いちご、ブルーベリーなど） …………… 適量

下準備
- スポンジケーキやカステラは、
  食べやすい大きさにちぎっておく
- フルーツは
  グラスに入れやすいように刻んでおく

作り方

1
鍋に牛乳を入れ、弱火にかけて
沸騰しない程度に温める。

2
ボウルに卵黄とグラニュー糖を
入れ、泡立て器ですり混ぜる。

3
2にAをふるい入れ
バニラエッセンスを加える。
泡立て器でよく混ぜる。

4

1の牛乳を3のボウルに加え、
泡立て器で混ぜる。
混ざったら茶こしなどでこしながら
鍋にもどす。

5

鍋を弱めの中火にかけ、
焦がさないように木ベラで混ぜる。
もったりしてきたら火をとめて、
バットに移して冷ます。

6

別のボウルにBを入れ
ハンドミキサーで角が立つまで
泡立てる。

- フルーツ
- 6のホイップクリーム
- 5のカスタードクリーム
- フルーツ
- スポンジケーキ

7

グラスにちぎったスポンジケーキ、
刻んだフルーツ、5、6の順に重ねる。
一番上にフルーツを盛り、
ホイップクリームで飾る。

てきとうに作れるおやつドリンクレシピ

本書で使った市販のお菓子や、冷蔵庫にあるジャムを使って、
すぐに作れるドリンクをご紹介。

アイスティージャムソーダ

材料

紅茶のティーバッグ	1個
熱湯	100cc
好きなジャム	大さじ1
氷	適量
炭酸水	100cc
ガムシロップ	適宜

作り方

1 熱湯で濃いめに紅茶を淹れ、冷ましておく。

2 グラスに好きなジャム、氷、1、炭酸水の順に入れてかき混ぜる。好みでガムシロップを加える。

ベリーラッシー

材料

冷凍ミックスベリー	大さじ2(山盛り)
ヨーグルト	大さじ3
はちみつ	大さじ1
牛乳	100cc
氷	適宜

作り方

1 冷凍ミックスベリーをポリ袋に入れ、麺棒で叩いて細かくつぶす。

2 グラスに1、ヨーグルト、はちみつを入れ、よく混ぜる。

3 牛乳を加えて混ぜる。好みで氷を入れる。

マシュマロシナモンコーヒー

材料

コーヒー	カップ1杯分
マシュマロ	適量
シナモン	適量

作り方

1 濃いめに淹れた熱いコーヒーに、マシュマロを好きなだけ入れ、シナモンをふりかける。

ホットココアチョコレート

材料

牛乳	200cc
板チョコレート（ミルク）	25g（約1/2枚）
ココア	大さじ1

作り方

1 耐熱容器に牛乳、細かく刻んだ板チョコレート、ココアを入れて混ぜ、電子レンジで2分程加熱する。

2 スプーンでよく混ぜる。

コラム

ラッピングについて

たくさんお菓子を作ったら、誰かにあげたくなりますよね。
ここでは、お菓子のラッピングについてご紹介。
マスキングテープやリボンを使って、自分好みに仕上げてみましょう。

クッキー・マフィン系

① 紙コップに
文字や絵を描いたり
シールやマスキングテープで飾る

② お菓子を詰める

クッキー
マフィン、蒸しケーキなど

③ OPP袋に入れて
リボンを結ぶ

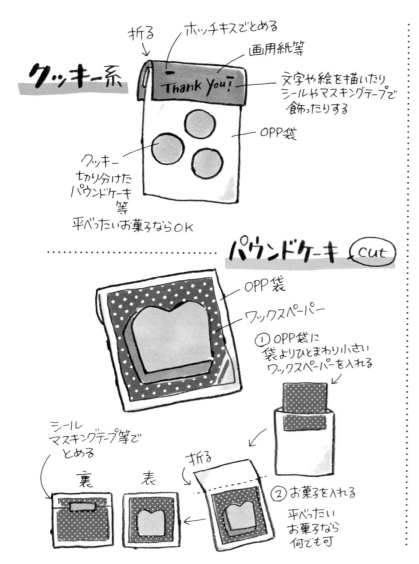

クッキー系

折る

ホッチキスでとめる

画用紙等

Thank you!

文字や絵を描いたり
シールやマスキングテープで
飾ったりする

OPP袋

クッキー
切り分けた
パウンドケーキ
等
平べったいお菓子ならOK

パウンドケーキ cut

OPP袋

ワックスペーパー

① OPP袋に
袋よりひとまわり小さい
ワックスペーパーを入れる

② お菓子を入れる

平べったい
お菓子なら
何でも可

折る

シール
マスキングテープ等で
とめる

裏　表

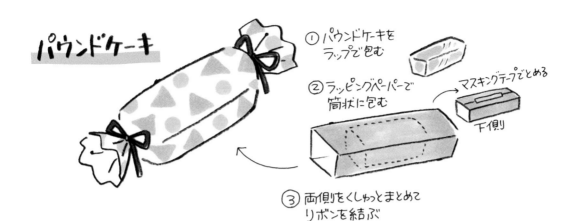

パウンドケーキ

① パウンドケーキを
ラップで包む

② ラッピングペーパーで
筒状に包む

→ マスキングテープでとめる

下側

③ 両側をくしゃっとまとめて
リボンを結ぶ

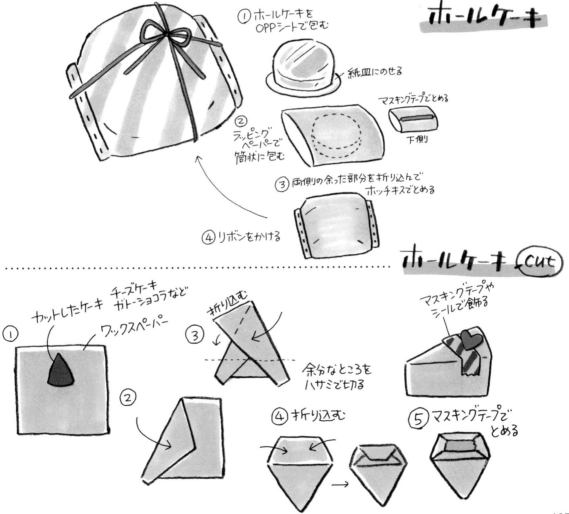

ホールケーキ

① ホールケーキを
OPPシートで包む

紙皿にのせる

マスキングテープでとめる

下側

② ラッピング
ペーパーで
筒状に包む

③ 両側の余った部分を折り込んで
ホッチキスでとめる

④ リボンをかける

ホールケーキ cut

① カットしたケーキ チーズケーキ
ガトーショコラなど

ワックスペーパー

②

③ 折り込む

余分なところを
ハサミで切る

④ 折り込む

⑤ マスキングテープで
とめる

マスキングテープや
シールで飾る

イラスト
溝呂木一美（スタジオ・ソラリス）

デザイン
中村 妙　西田寧々（文京図案室）

撮影
内山めぐみ

調理、スタイリング
青木夕子（エーツー）

調理アシスタント
堀金里沙（エーツー）

校正
麦秋新社

編集
安田 遥（ワニブックス）

私のてきとうなお菓子作り

溝呂木一美 著

2021年3月16日　初版発行

発行者　　横内正昭
編集人　　青柳有紀
発行所　　株式会社ワニブックス
　　　　　〒150-8482
　　　　　東京都渋谷区恵比寿4-4-9 えびす大黒ビル
　　　　　電話　03-5449-2711（代表）
　　　　　　　　03-5449-2716（編集部）
　　　　　ワニブックスHP http://www.wani.co.jp/
　　　　　WANI BOOKOUT http://www.wanibookout.com/

印刷所　　凸版印刷株式会社
製本所　　ナショナル製本